BEI GRIN MACHT SICH IHR
WISSEN BEZAHLT

AF136051

- Wir veröffentlichen Ihre Hausarbeit,
  Bachelor- und Masterarbeit

- Ihr eigenes eBook und Buch -
  weltweit in allen wichtigen Shops

- Verdienen Sie an jedem Verkauf

Jetzt bei www.GRIN.com hochladen
und kostenlos publizieren

GRIN

Joanna Ewa Jakubczyk

Kindheit und Jugend im Nationalsozialismus

Mit besonderer Berücksichtigung der Stadt Viersen

GRIN Verlag

Bibliografische Information der Deutschen Nationalbibliothek:

Die Deutsche Bibliothek verzeichnet diese Publikation in der Deutschen National-bibliografie; detaillierte bibliografische Daten sind im Internet über http://dnb.d-nb.de/ abrufbar.

Impressum:

Copyright © 2012 GRIN Verlag GmbH
Druck und Bindung: Books on Demand GmbH, Norderstedt Germany
ISBN: 978-3-656-33632-7

Dieses Buch bei GRIN:

http://www.grin.com/de/e-book/202782/kindheit-und-jugend-im-nationalsozialismus

GRIN - Your knowledge has value

Der GRIN Verlag publiziert seit 1998 wissenschaftliche Arbeiten von Studenten, Hochschullehrern und anderen Akademikern als eBook und gedrucktes Buch. Die Verlagswebsite www.grin.com ist die ideale Plattform zur Veröffentlichung von Hausarbeiten, Abschlussarbeiten, wissenschaftlichen Aufsätzen, Dissertationen und Fachbüchern.

Besuchen Sie uns im Internet:

http://www.grin.com/

http://www.facebook.com/grincom

http://www.twitter.com/grin_com

1

Inhaltsverzeichnis

Einleitung

Ich habe mich für das Thema „Kindheit und Jugend während des Nationalsozialismus mit besonderer Berücksichtigung der Stadt Viersen" entschieden, da mich die Thematik des Nationalsozialismus weitgehend beschäftigt. Ein weiterer Aspekt ist das Interesse, mich mit der Erziehung und Entwicklung von Kindern und Jugendlichen auseinanderzusetzen. Die Entscheidung, die Ausarbeitung teils auf die Stadt Viersen zu beziehen, wurde durch die persönliche Verbindung, die ich zu Viersen, meiner Heimatstadt habe, bedingt. Außerdem dient dies jedoch auch als Eingrenzung des weitreichenden Themenkomplexes.

Die parallele Darstellung der jüdischen Kindheit und Jugend und der Deutschen dient zur Veranschaulichung der Differenz zwischen diesen zwei Gruppierungen und verdeutlicht die Absurdität der Rassentrennung. Menschen wurden von einander unterschieden und in zwei Gruppen eingeteilt, die überlegene, arische, deutsche Rasse und die minderwertige, unbedeutende jüdische Rasse, die keinerlei Wert besitzt. In diesem Zusammenhang stellt sich für mich die Frage, wie es zu so einem Denken und Handeln kommen konnte. Wurde das nationalsozialistische Gedankengut schon bei der Erziehung eingeprägt? Und wenn ja, welche Ziele verfolgte diese Ideologie und inwiefern wurden die Kinder und Jugendlichen von dieser beeinflusst? Zudem würde ich gerne auf die Folgen der Unterdrückung und Verfolgung der jüdischen Kinder zu sprechen kommen. Wie haben sie es erlebt? Haben sie dieses Handeln verstanden und nachvollziehen können? Auf diese Fragen werde ich versuchen, mit Hilfe der folgenden Gliederung, im Laufe dieser Arbeit einzugehen und sie zu beantworten:

1. Machtübernahme durch die NSDAP und Hitler

2. Propaganda und nationalsozialistische Erziehung

3. Kindheit und Jugend der deutschen Bevölkerung (teilweise bezogen auf die Stadt Viersen)

4. Kindheit und Jugend der jüdischen Bevölkerung (teilweise bezogen auf die Stadt Viersen)

Diese Gliederung baut auf einander auf, was zur Aufgabe hat, das Verständnis des Prozesses der Ausrottung der jüdischen, beziehungsweise nicht-arischen Rasse und der Privilegierung der Deutschen, zu veranschaulichen.

Kindheit und Jugend während des Nationalsozialismus

mit besonderer Berücksichtigung der Stadt Viersen

Zu Beginn meiner Arbeit werde ich die Machtübernahme der nationalsozialistischen Partei, der NSDAP, und Adolf Hitlers erläutern. Außerdem die Fragen, wie es dazu kommen konnte, das diese Partei an die Macht kam und Adolf Hitler überhaupt zum Reichskanzler gewählt werden konnte. Dabei werde ich ebenfalls auf die Entwicklung in Viersen eingehen.

1. Ursachen der faschistischen Machtergreifung

Zur Zeit der Weimarer Republik wollten rechtskonservative Gruppen die Ergebnisse des Ersten Weltkrieges revidieren und den Versailler Vertrag bekämpfen. Im Jahre 1925 wurde der General Paul von Hindenburg, ein eingefleischter Monarchist, zum Reichskanzler erwählt. Die Weltwirtschaftskrise im Jahre 1929 brachte für Deutschland verheerende Folgen mit sich: Im Jahre 1932 stieg die Arbeitslosigkeit auf 44%, es folgten ebenfalls schwere politische Erschütterungen, da die Wahlen keine regierungsfähige Mehrheit ergaben.

In Mitten dieser Hoffnungslosigkeit, der Not und des Elends schafften die Arbeiterparteien es nicht, dem Volk einen Ausweg aus dieser Situation zu zeigen. Durch die beim sechsten Weltkongress formulierte " Sozialfaschismus"-Theorie wurde das Vorgehen gegen den Hitler-Faschismus verhindert. Außerdem überwanden viele Konservative ihre Abneigung gegen Hitler, da sie aus Angst vor den Kommunisten auf die Nationalsozialisten umschwenkten. Auch am Niederrhein wurde Hitler nach und nach immer mehr unterstützt, da die Bevölkerung ihn im den "lang ersehnten, starken Mann" sah, der endlich Ordnung schaffte. Die NSDAP fand ihre politische und finanzielle Unterstützung in industriellen Kreisen.

Bis zum Jahre 1926 blieb Viersen unberührt von der Propaganda der NSDAP. Ihre erste Tätigkeit in diesem Gebiet war eine Vortragsveranstaltung am 24. September 1927 in dem Hotel Gansen, welche von der Ortsgruppe der Stadt Mönchengladbach organisiert wurde. Die Hauptthematik, die bei dieser Veranstaltung ausgeführt wurde, war der Nationalsozialismus, als Deutschlands einzige Rettung. Im April des Jahres 1931 wurde jedoch auch eine Ortsgruppe in Viersen gegründet, die ihre finanzielle Einnahmequelle in den Großveranstaltungen in der Festhalle fand.[1]

Viele Anhänger von konservativen Parteien überwanden ihre Abneigung und Zweifel gegenüber Hitler, aufgrund der Angst, die sie vor den Konservativen bekamen. Diese Angst war unter Anderem bedingt durch den Reichstagsbrand am 28. Februar 1933, der von den Nationalsozialisten gestiftet und den Kommunisten angehängt wurde. In Folge dessen wurde eine „Reichstagsverordnung", die die Grundrechte der Weimarer Verfassung außer Kraft setzte und die Opposition entfähigte, verfasst. Diese Verordnung galt offiziell zum Schutze der Bevölkerung, befähigte jedoch jeden Menschen, ohne jegliche Anklage noch Beweise festzunehmen und in „Schutzhaft" zu nehmen. Mit Hilfe dieses Rechtes wurden tausende von Konservativen oder anderen politischen Gegnern ohne Grund verhaftet, misshandelt, wenn nicht sogar getötet.

Viele Viersener leisteten Widerstand und demonstrierten gegen die Gesetze, doch die NSDAP ließ sich nicht Einschüchtern, nutzte ihre Macht gegen die Demonstranten aus und setze ihre Propaganda fort.

---

1 Vgl. Arie Nabrings; „ Der kurze Weg zur Macht"; S.7-10

Die Situation spitzte sich zu, als es am 31. Januar 1933 zu großen Demonstrationen kam, da viele Bürger die Gefahr in Hitlers Politik erkannten. Am selben Tag fielen Schüsse und tragen Teilnehmer dieser Protestaktionen. Abends marschierten die NSDAP- Anhänger durch die Innenstadt und zerstörten jüdische Geschäfte, indem sie die Fensterscheiben eintraten und verschmutzen. Die Nationalsozialistische Partei gewann immer mehr an Macht und übernahm in Kürze auch in Viersen die politische Führungsposition.[2]

Bevor Hitler an die Macht kam, existierten im deutschen Reichstag in Berlin viele kleine Parteien. Diese hatten Probleme, sich auf Beschlüsse gegen die herrschenden Probleme, wie die Arbeitslosigkeit oder Inflation (bedingt durch den ersten Weltkrieg und den Versailler- Vertrag), zu einigen. Diese Situation nutzte Hitler geschickt aus und versprach der Bevölkerung eine Verbesserung der Lebensqualität und einen Aufschwung der Wirtschaft. Zudem begann er nach und nach die Parteien zu verbieten und machte somit die eigene Partei, die NSDAP, zur einzigen und anschließend zur führenden Partei.

---

2   Vgl. Heinrich Ernst; „Widerstand und Verfolgung" ; S. 3-62;

2. Propaganda und die nationalsozialistische Erziehung/ Kindheit und Jugend der deutschen Bevölkerung während des Nationalsozialismus

2.1. Nationalsozialistische Anthropologie und Erziehungslehre

Um die Erziehungsmaßnahmen des Nationalsozialismus zu verstehen, muss man sich das zu der Zeit herrschende Menschenbild anschauen. Das Menschenbild während des Nationalsozialismus lässt sich mit Hilfe der Schrift „Mein Kampf" erkennen. Es erfolgt eine Abwertung des Menschen als Einzelwesen, denn dieser zählt nur als Mitglied der Gemeinschaft und Angehöriger der Rasse. Aus dieser Einstellung geht hervor, dass die Grundlage der menschlichen Existenz sich auf politischer Ebene befindet. Das Ziel der Erziehung ist es, einen nationalsozialistischen Menschen zu formen, der Eigenschaften in sich trägt, die vom Führer verlangt werden und diese auch zum Nutzen des Staates anwendet. Eine der wichtigsten, wenn nicht die wichtigste Eigenschaft ist die Treue, vor allem die Gehorsamkeit dem Führer gegenüber, der das Gute verkörpert. Die Entwicklung des jungen Menschen ist dadurch gestört, da er bestimmte Handlungen oder Gesinnungen nicht mehr erkennt und diese anschließend akzeptiert und übernimmt oder ablehnt. Der Prozess der Bildung einer eigenen, unabhängigen Persönlichkeit ist nicht mehr möglich, denn durch das Aufdrängen von Meinungen und Verhaltensweisen wird ein unbedeutendes Einzelwesen geformt, das nur nach diesen festen Bestimmungen lebt.[3]

2.2. Hitlers Jugendideal

Die Ausführung „Hitlers Jugendideal" ist Voraussetzung für das Verständnis der nationalsozialistischen Erziehung.

---

3   Vgl. Aus: Schramke, Marita; „Schule und Hitlerjugend im Dienste nationalsozialistischer Erziehung"; S. 8-19 ; in: HORNUNG, Klaus; „Etappen einer politischen Pädagogik in Deutschland"; S.72f.

Hitler: „Meine Pädagogik ist hart. Das Schwache muss weg gehämmert werden. In meinen Ordensburgen wird eine Jugend heranwachsen, vor der sich die Welt erschrecken wird. Eine gewalttätige, herrische, unerschrockene, grausame Jugend will ich. Jugend muss das alles sein. Es darf nichts Schwaches und Zärtliches an ihr sein. Stark und schön will ich meine Jugend. Ich will eine athletische Jugend. Ich will keine intellektuelle Erziehung. Mit Wissen verderbe ich mir die Jugend. Sie sollen mir in den schwierigen Proben die Todesfurcht besiegen lernen. Das ist die Stufe der heroischen Jugend. Aus ihr wächst die Stufe des Freien, des Menschen, der Maß und Mitte der Welt ist, des schaffenden Menschen, des Gottmenschen."[4] Dies ist ein Auszug aus einem Zitat Hitlers, der sein Jugendideal beschreibt. Hitler legt den Schwerpunkt auf die körperliche Ertüchtigung, die den Jugendlichen eine physische Überlegenheit bietet. Als Aufgabe wurde die Stärkung des Körpers gesehen. Im Gegenzug dazu wurden geistige Fähigkeiten absolut abgewertet, was durch die Aussage: „Ich will keine intellektuelle Erziehung. Mit Wissen verderbe ich mir die Jugend." verdeutlicht wird. Die nationalsozialistische Erziehung legte keinen Wert auf Bildung, da befürchtet wurde, die Jugend würde durch die Erreichung eines hohen Bildungsgrades der Ideologie nicht mehr blind folgen, sich verselbstständigen und sich möglicherweise sogar gegen den Nationalismus auflehnen. Das hauptsächliche Wissen, das sie vermittelt bekamen, war von der nationalsozialistischen Ideologie geprägt. Trotz der mangelnden intellektuellen Werte, sahen die Nationalsozialisten eine psychische Überlegenheit der deutschen Rasse, die durch das Nationalgefühl bedingt war. Eine geringere, jedoch auch nicht zu vergessene Bedeutung erlangte die Ausbildung des Charakters, der Willensstärke und der Entschlusskraft.

Dazu hielt Hitler das Boxen als beste Trainingsmöglichkeit, da bei diesem Sport, Mut, Kraft, eine schnelle Entschlussfähigkeit und Härte gefordert sind. Das eigentliche Ziel dieser Erziehung ist die Vorbereitung der Jugendlichen auf den Kriegseinsatz.[5]

---

4   Vgl. Aus: ebd.; S. 32-34 ; in: HOFER; Walther; „ Der Nationalsozialismus", Dokumente von 1933-45; S.88 (Auszug)

5   Vgl. Aus: ebd.; S.9; in: vgl. : ZENTNER, Kurt; „ Illustrierte Geschichte des Dritten Reiches"; S.345-346

2.3. Das deutsche Mädchen/ die deutsche Frau

Die Hauptaufgabe des deutschen Mädchens, beziehungsweise der deutschen Frau bestand in der Mutterschaft, welche dazu diente die Rasse zu erhalten. Ein Zitat Goebbels sagt aus: „Kindersegen- das ist die Anwartschaft eines Volkes auf die Ewigkeit; deshalb ist und bleibt der vornehmste und höchste Beruf der Frau der Beruf als Frau und Mutter."[6] Dies waren die einzigen Ziele der Erziehung der Mädchen und um diese zu verwirklichen, bekamen sie zum Abschluss im Alter von 14 Jahren das Buch „Du und dein Volk" welches für die Ehe und den Kinderwunsch wirbt. Es enthält ebenfalls ein Kapitel, das die Überschrift „Zehn Gebote für die Gattenwahl" trägt und welche ich folgend wortgetreu ausführen werde:

1. Gedenke, dass du ein Deutscher bist!

2. Du sollst, wenn du erbgesund bist, nicht ehelos bleiben!

3. Halte deinen Körper rein!

4. Du sollst Geist und Seele rein halten!

5. Wähle als Deutscher nur einen Gatten gleichen oder nordischen Blutes!

6. Bei der Wahl deiner Gatten frage nach seinen Vorfahren.

7. Gesundheit ist Voraussetzung auch für äußere Schönheit!

8. Heirate nur aus Liebe.

9. Suche dir keinen Gespielen, sondern einen Gefährten für die Ehe!

10. Du sollst dir möglichst viele Kinder wünschen.

Diese Auflistung der Anweisungen für die Gattenwahl zeigt in der Form Parallelen zu den religiösen „Zehn Geboten", wodurch eine Gleichsetzung dieser Beiden erfolgt und die

---

6 Aus: ebd.; S.10; in: KLOSE, Werner; „ Generation im Gleichschritt"; S. 178

große Bedeutung der „Zehn Gebote für die Gattenwahl" verdeutlicht. Außerdem setzt es die Autorität der religiösen Gesetze, die vielen von großer Bedeutung waren, parallel. Zusätzlich enthalten sie einige Widersprüche, wie „Heirate nur aus Liebe." und die Anweisungen zur Wahl eines Ehemannes. Hitler entschied zudem auch über das Aussehen des deutschen Mädchens: „Idealfrau des NS-Staates trug als kleines Mädchen blonde Zöpfe oder den Gretchenkranz um die Stirn. Im Mutteralter knotete sie die Zöpfe herb zum deutschen Dutt. Sie hatte blaue Augen, blonde Haare und helle Haut und war lang gewachsen."[7] Er wählte eine Darstellung eines nordischen Stereotypen, der dem Abbild der germanischen Göttin „Germania" entsprach. In der Erziehung galt als wichtigster Punkt ebenfalls die körperliche Ertüchtigung, die als Ziel hatte, die Mädchen zu frischen, gesunden, sauberen und einsatzwilligen Frauen zu machen, um als Begleiterin ihrem Mann, der im Krieg seine Pflicht erfüllt, beizustehen.[8] An diesem Beispiel der Einprägung der Ideologie in frühen Kindheitsjahren, lässt sich erkennen, dass der Führer und seine Vorstellungen enormen Einfluss auf den Verlauf des Lebens jedes Jugendlichen hatte.

Auch die Programmschrift Hitlers „ Mein Kampf" enthält einen großen Teil, der dem Thema der Erziehung gewidmet ist. Hier wird diese in drei Phasen unterteilt[9]:

1. „Heranzüchten kerngesunder Körper"

2. „Ausbildung geistiger Fähigkeiten"

3. „ Wissenschaftliche Schulung"

Die erste Phase fordert als Ergebnis einen gesunden, edlen, arischen Deutschen, der sich vermehrt, um die Rasse zu erhalten. Der Körper ist in diesem Zusammenhang das

---

7   Aus: ebd.; S. 10; in: KLOSE, ebd., S.180

8   Vgl. Aus: S.11f.; in: KLOSE, a.a.O., S.179

9   Aus: S. 13; in: Vgl. : GAMM, Hans- Jochen; „ Führung und Verführung", S.48

erstrebenswerte und notwendige Ziel, während der Geist von minderer Bedeutung ist. In der zweiten Phase findet eine Prägung und Formung des Charakters statt. Es kommt zu einer Bildung von Eigenschaften wie der Treue, Opferwilligkeit, des Willens und der Entschlusskraft, wie auch des Verantwortungsbewusstseins und des Mutes.[10] Die dritte Phase hat zur Aufgabe, das Rassengefühl einzuprägen. Kein Schüler verließ die Schule ohne die Notwendigkeit der Blutreinheit erkannt zu haben, denn wer nicht arisch war, verfügte laut der nationalsozialistischen Ideologie über keine geistigen Fähigkeiten.[11]

2.4. Das Schulwesen, geprägt vom Nationalsozialismus

Die Aufgabe der geistigen Gleichschaltung übernahmen die Schulen. Die Lehrpläne wurden umgestaltet und in den Unterrichtsinhalten neue Akzente gesetzt. Alle zwei Wochen erhielten die Schüler der Oberstufe Schulungsstunden (besonders im Bereich der Biologie), die Themen wie das NS-Kämpfer- und Führungsprinzip, den Werdegang und die Rassenzusammensetzung des heutigen deutschen Menschen und Mendels Vererbungslehre, behandelten. Sie sollten den Schülern vor allem das nationalsozialistische Gedankengut vermitteln. Die Schüler mussten ebenfalls einen politischen Schulungskurs absolvieren, der im Programm vorsah, die Jugendlichen sportlich zu ertüchtigen und der nationalsozialistischen Ideologie entsprechend auszubilden. Das Abitur im Jahre 1934 stand im Zeichen der neuen Weltauffassung. Als Aufgabe in der Mathematik wurden Aufgaben zur Marschgeschwindigkeit und zu den Geschossflugbahnen gestellt. Außerdem forderte der Oberbürgermeister vom Direktor eine Liste mit Angaben über die politische Zuverlässigkeit der einzelnen Abiturienten. Durch das Werben zur Mitwirkung im Jungvolk (JV), in der Hitlerjugend (HJ) oder im Bund deutscher Mädel (BDM) wurde versucht das Denken der Schüler zu beeinflussen, doch anfangs erreichte dies nur ein Drittel der Jugendlichen. Die Bereitschaft in eine nationalsozialistische Partei einzutreten, war stark von der

---

10 Vgl. Aus: ebd.; S. 13-15; in: GAMM; a.a.O.;S.53

11 Vgl. Aus: ebd.; S.15f.; in: GAMM; a.a.O.; S.58

Konfession abhängig, da bei protestantischen Schülern die Bereitschaft ausgeprägter war, als die bei Katholischen. Bis zum Jahre 1936 jedoch stieg die Zahl der Mitglieder der Jugendorganisationen auf 90%. Ihre stärkste Konkurrenz sahen die Nationalsozialisten in den katholischen Jugendorganisationen, daher forderte der Oberbürgermeister die Religionslehrer auf, die Hitlerjugend zu unterstützen und sich für die Belange einzusetzen. [12]

3. Hitlerjugend und BDM

Das Jungvolk, wie auch die Hitlerjugend spielten eine bedeutende Rolle in der Erziehung der Jugend und der Einprägung der nationalsozialistischen Ideologie. Um diese im Denken und Handeln der Jugendlichen fest zu setzten, wurden die Jugendorganisationen, die Hitlerjugend, wie auch der Bund deutscher Mädel mit der Schule verbunden. Im Alter von zehn Jahren wurden die Jungen in die Unterorganisation der Hitlerjugend, das Jungvolk, eingeschrieben. Zwei Mal in der Woche hatten die Mitglieder ein Treffen, das zur Schulung der Schüler bestimmt war. Sie hatten Sport, mussten Marschieren oder nahmen Vorlesungen im Bereich der Waffenkunde oder politischer Themen teil. Vier Jahre später, wechselten die Jungen in die Hitlerjugend über (Parallelorganisation für Mädchen: „Bund deutscher Mädel"). Hier war Gehorsamkeit das oberste Gebot, dies führte jedoch zu zahlreichen Konflikten im Elternhaus oder in der Kirche. Die Mitglieder der Hitlerjugend und des Bundes deutscher Mädel waren ideologisierte, gewaltsame und fanatische Jugendliche, die keine Scheu besaß, auf Menschen, vor allem jedoch auf Juden einzuschlagen oder diese zu beschimpfen. Die Hitlerjugend und der Bund deutscher Mädel waren für das Nationalsozialistische Regime ideale Organisationen zur Ausbildung der Jugendlichen, nach den Prinzipien des Nationalsozialismus. Sie wurden schon im frühen Alter auf den Dienst im Krieg vorbereitet. Auch das Gedankengut wurde

---

12 Vgl. Arie Nabrings; Der kurze Weg zur Macht; S.97/98

durch die Ideologie beeinflusst.[13]

Die Hitlerjugend am 1. Mai 1933 vor der Festhalle[14]

4. Kindheit und Jugend der jüdischen Bevölkerung während des Nationalsozialismus

4.1. Die Lebensumstände

Nun werde ich die Umstände erläutern, unter welchen die jüdischen Kinder aufwuchsen. Dies dient zur Veranschaulichung der Differenz zwischen der deutschen Jugend und der

13 Vgl. Helena Siemes/ Gerd Philips; „Kindheit am Niederrhein" ; S. 609-613

14 Stadtarchiv Viersen

Jüdischen.

Die Verfolgung der Juden in Viersen gestaltete sich insgesamt ähnlich wie in den anderen Teilen Deutschlands auch, doch anfangs etwas unauffälliger und schleichender. Dies lag daran, dass sich in diesem Gebiet die Hochburg der konservativen Partei Zentrum befand und die NSDAP kein öffentliches Missfallen erregen wollte. Zudem war die Mehrheit der Bevölkerung katholisch und leistete Widerstand gegen den Nationalsozialismus, vor allem gegen den Judenhass. Zu Beginn konnten sich große Bevölkerungsteile Viersens nicht mit der Ideologie identifizieren. Im Jahre 1933 lebten 150 Juden in Viersen. Fünf Jahre später lebte nur noch knapp ein Drittel davon in der Stadt, diese 50 wurden jedoch noch im selben Jahr deportiert. Nur einige Halbjuden sind von den Übergriffen der Nationalsozialisten verschont geblieben.[15] Doch der Zustand zwischen den Jahren 1933 und 1943 war alles Andere als angenehm für die jüdischen Bürger. Der Judenhass und die Abwertung der jüdischen Rasse erfolgte schon vor der Ernennung Hitlers zum Reichskanzler. Plakate, Flugblätter oder Zeitungsartikel enthielten vorerst versteckte Äußerungen zur Judenfeindlichkeit und Aufrufe zum Ausschluss dieser aus der Gesellschaft. Es folgten Hetzrufe und direkte Anschuldigungen. Ab dem Jahr 1933 fingen Nationalsozialisten an, Geschäfte von jüdischen Besitzern öffentlich zu zerstören. Mit Schildern, wie „ Hunde und Juden müssen draußen bleiben" oder „ Kaufe nicht bei Juden" wurden die Juden diskriminiert und verachtet. Auch die Kinder litten stark unter der Schikane der Nationalsozialisten. Sie durften ihre Freizeit nicht mehr mit deutschen Kindern verbringen und wurden von ihnen abgeschottet. Aufgrund des geringen Alters konnten sie dieses Handeln nicht nachvollziehen und bezogen es auf ihre eigene Person. Auch für die Eltern war es schwierig, den Kindern zu erklären, warum sie von nun an in eine andere Klasse gehen mussten oder nur noch mit jüdischen Altersgenossen spielen durften. Dieser Prozess beeinflusste die Entwicklung des Kindes, da es zu einer Hinterfragung der Persönlichkeit kommt, das Kind die Ursache für die Ausgrenzung jedoch nicht versteht. Unter anderem durch Lieder wie „ Krumme Juden zieh´n dahin,

---

15 LK Geschichte; „alltag im nationalsozialismus"

daher sie zieh´n durch´s Rote Meer, die Wellen schlagen zu, die Welt hat Ruh"[16], die die Hitlerjugend während des Marsches sang, wurde die jüdische Bevölkerung zum öffentlichen Objekt der Belustigung und Demütigung. Dies hatte ebenfalls Folgen auf die psychische Verfassung der jüdischen Kinder und Jugendlichen. Bis 1938 sank die Zahl der jüdischen Bewohner Viersens um ca. 60%. Einerseits lag das an der Auswanderungszahl der Juden, die die Judenpolitik und die Gefahr die ihnen drohte, erkannten. Einige Juden wurden jedoch schon vor dem Jahre 1938 deportiert und danach in Konzentrationslager transportiert. Die 50 noch in Viersen zu der Zeit lebenden Juden wurden bis zum Jahre 1943 ebenfalls erst nach Düsseldorf und anschließend in Konzentrationslager gebracht. Ab dem Jahre 1943 lebten keine Juden mehr in der Stadt Viersen.[17]

4.2. Das Schulwesen

Bis zur Machtergreifung Hitlers waren jüdische und deutsche Kinder gleichberechtigt, doch kurz darauf erfolgte eine Rassentrennung in der Schule, bedingt durch die Annahme, eine nationalsozialistische Jugenderziehung sei   nicht möglich, wenn Nicht-Arische ebenfalls am Unterricht teilnehmen würden. Da die jüdischen Schüler jedoch weiterhin der allgemeinen Schulpflicht unterlagen, wurde für separate Schulen und Klassen gesorgt. Der Unterricht durfte nur von jüdischen Lehrern gehalten werden, die aufgrund dessen schon vorzeitig aus dem Dienst entlassen worden sind. Immer noch hatte die jüdische Jugend die Möglichkeit das Abitur an privaten jüdischen Gymnasien zu machen, an welches jedoch ein Vermerk angebracht wurde mit dem es praktisch unmöglich war an einer deutschen Universität angenommen zu werden. Es war eine Scheinausbildung.[18]

---

16 LK Geschichte der Jahrgangsstufe 13 des städtischen Gymnasiums an der Löh; „alltag im nationalsozialismus";

17 LK Geschichte, ebd.;

18 Aus: ebd.; S. 32-34; in: Vgl.: GAMM; a.a.O.; S.139 ff.

Bild 11
Das Schul- und Bethaus der jüdischen Gemein-
de an der Rektoratstraße.

19

19 DOHR, Ferdinand; „Chronik der Viersener Juden 1809-1942"; S. 69

Fazit

Anhand der Ergebnisse ist zu erkennen, dass der Nationalsozialismus einen großen Einfluss auf das Denken, sowie auch Handeln der Menschen hatte. Schon im frühen Kindesalter wurde den deutschen Kindern und Jugendlichen die Rassenlehre, der Judenhass und ein sehr starkes Nationalgefühl, das zum Nationalismus und Rassismus umschwenkte, eingeprägt. Auch in der Schule erlangten sie Wissen, das vom Nationalsozialismus beeinflusst war. In Jugendorganisationen, wie der Hitlerjugend, wurden sie im Jugendalter für den Kriegseinsatz vorbereitet und folgten den Ideologien und dem Drill der NSDAP. Die Aussage, der Mensch habe als Individuum keinen Wert und zähle nur in der Gemeinschaft, ließ die Jugendlichen in Organisationen eintreten um ein gewisses Selbstwertgefühl zu erlangen. Das Ziel dieser Erziehung war die Ausbildung eines perfekten, arischen Nationalsozialisten, der im Kriegseinsatz dem Staate dient. Außerdem die Vermittlung eines Nationalgefühls, dass die deutsche Rasse als die Privilegierte darstellt und nicht-Arische als minderwertig bezeichnet.

Die jüdische Bevölkerung litt unter der Unterdrückung der Nationalsozialisten und der Diskriminierung durch ihre deutschen Mitmenschen. Sie lebten in ständiger Angst deportiert zu werden. Aufgrund dessen wanderten viele Juden aus, da sie die Gefahr erkannten. Die Verbliebenen mussten sich der Schikane untergeben. Das Verständnis des Handelns der Deutschen gestaltete sich für viele Kinder als schwierig, da sie es nicht nachvollziehen konnten und die Politik nicht verstanden. Dies hatte ebenfalls Auswirkungen auf die Entwicklung der Persönlichkeit und Identitätsfindung.

Abschließend kann ich sagen, dass die Zeit es Nationalsozialismus eine Zeit voller grausamer Brutalität und voller Hass ist, die für immer nur Geschichte bleiben sollte, die jedoch nie in Vergessenheit geraten sollte.

Literaturverzeichnis

DOHR, Ferdinand; "Chronik der Viersender Juden 1809-1942"; Stadtarchivar; 1965, Viersen

ERNST, Heinrich; " Widerstand und Verfolgung in Viersen, Dülken und Süchteln 1933-1945"; Vereinigung der Verfolgten des Naziregimes; 1988 Viersen/ Mönchengladbach

GAMM, Hans-Jochen; " Führung und Verführung"; 1964, München

HOFEN, Walther; " Der Nationalsimus"; 1957, Frankfurt am Main

HORNUNG, Klaus; " Etappen politischer Pädagogik in Deutschland"; 1962, Bonn, 1. Auflage

KLOSE, Werner; " Generation im Gleichschritt" ; 1964, Oldenburg und Hamburg

SIEMES, Helena/ PHILIPS, Gerd; " Kindheit am Niederrhein"; 2005, Duisburg

STADTARCHIV der Stadt Viersen